Imprimé en Chine et importé par les
Éditions Hemma
Rue de Chevron, 106
4987 Chevron, Belgique
hemma@hemma.be • www.hemma.be
Dépôt légal : 12.08/0058/326

21 histoires de
PIRATES

Des histoires de :

Calouan - Mireille Saver - Virginie Hanna - Christelle Huet-Gomez - Valérie Videau

Illustrées par Gynux

HEMMA

Table des matières

Titouan, redoutable pirate

Calouan

Aujourd'hui, c'est l'anniversaire de Titouan. Son oncle est invité à la fête. Le petit garçon est heureux. Quand tonton Paul arrive, il tient un drôle de paquet derrière son dos : « Joyeux anniversaire, mon grand ! »
Tout intimidé, Titouan ouvre son cadeau : un costume de pirate ! Un vrai ! Et il y a même un anneau pour accrocher à son oreille.
Depuis le temps qu'il en rêve...Titouan voudrait être Surcouf, le terrible marin.
« Les flots n'ont qu'à bien se tenir... Je vais semer la terreur !
- Si tu veux, demain, nous irons tous les deux au bord de l'eau, c'est un jour de grande marée, l'occasion pour découvrir tous les trésors échoués », murmure son oncle alors que Titouan se jette à son cou pour l'embrasser.

Le lendemain, Titouan se réveille de bonne heure pour ne pas manquer le rendez-vous avec son oncle. Le soleil se montre déjà. Titouan est prêt, tout habillé en pirate, il trépigne.
La journée promet d'être belle.
« Ben, qu'est-ce que tu fais là ? »
C'est Mousse, son petit chat, qui est caché dans la besace...
« Mais les pirates n'ont pas de chat...Je dois partir tranquille pour une journée impitoyable... »
Mais devant les yeux doux de son compagnon, Titouan cède.

Arrivé au bord de l'eau près des rochers, Titouan n'attend pas : il retire ses chaussures et court sur le sable doux.

« Prenez garde, marins et corsaires, car me voilà, j'arrive ! »

Debout sur un rocher, Titouan le pirate semble invincible.

« Montrez-vous, bande de lâches ! Ah ah ! On redoute le terrible Surcouf, on dirait ! »

Et alors que Titouan s'apprêtait à redescendre, il glisse sur le rocher couvert de mousse et se retrouve le nez dans le sable.

« Flûte ! »
Alors qu'il se relève, Titouan remarque un drôle d'objet enfoui derrière les rochers. C'est une bouteille et il y a un papier à l'intérieur.
« C'est une carte aux trésors ! J'en suis sûr ! s'exclame Titouan, ravi.
- Alors vite, sors ce message... », propose tonton Paul.
Mousse s'est approché. S'il doit y avoir de l'action, il veut faire partie de l'aventure.

Titouan sort le papier de la bouteille et le déplie :
« Je le savais : une carte ! On va découvrir le trésor de Surcouf ! Youpi ! »
Sur le plan, l'oncle du garçon reconnaît une forme.
« C'est la grotte interdite ! Celle qui est au bout de la plage ! »
Sans attendre, les marins s'élancent vers la grotte. Il faut se baisser pour entrer.
Titouan envoie Mousse en éclaireur.
« Miaouuuuu ! »
Le petit chat sort précipitamment. Il semble effrayé.
« Quelque chose a inquiété Mousse. Il faut aller voir. »
Mousse préfère attendre dehors. Titouan avance à quatre pattes, impressionné.

« Il fait tout noir là-dedans !
- Ne me dis pas que tu as peur, pirate... Tiens, viens voir un peu mes découvertes ! »
Titouan s'approche et regarde les coquillages de son oncle. Il y en a des plats, des ronds, des pointus, des gris, des noirs, des roses...
« C'est un fameux trésor, n'est-ce pas ?
- Ah oui ! Mieux que dans les coffres des autres galions... Avec tout ça, je ferai un beau collier pour maman », s'enthousiasme Titouan.
Décidément oui, c'est un vrai pirate des mers. Ses parents ne vont pas en revenir.

Je veux une jambe de bois !

Christelle Huet-Gomez

« Papa, je veux une jambe de bois !
Igor le balafré sursaute : - Une jambe de bois ? Mais qu'est-ce que c'est que cette idée Samy Moussaillon ? Tu ne pourrais plus courir !
- Ça ne sert à rien de courir sur un bateau ! Par contre, dans l'eau, une jambe de bois ça flotte ! Et puis, quand on marche c'est super : ça fait un bruit d'enfer !
- Et pourquoi pas un œil de verre pendant que tu y es ! Va dans ta chambre, j'ai un bateau à commander ! »

Dans sa chambre, Samy Moussaillon rumine : « Je veux une jambe de bois, je veux... ». Quand soudain, boum ! Un coup de canon !

Samy se précipite sur le pont : des pirates viennent de sauter dans le bateau et s'emparent du trésor de son père ! Ils repartent déjà sur leur navire ! Vite ! Samy court à leur poursuite. Il s'accroche à un cordage et se balance en avant, en arrière, en avant, en arrière… Hop, il saute sur le bateau ennemi et récupère le trésor des mains d'un pirate à jambe de bois qui n'a pas le temps de s'enfuir.

« Bravo Samy Moussaillon ! applaudit Igor le Balafré. Tu es le plus grand pirate des océans ! Et tout ça sans jambe de bois !
- Oui, tu avais raison papa, c'est bien aussi d'avoir de vraies jambes.
- Tu vois mon fils, tu as bien le temps de grandir...
- Oui. J'ai le temps. Mais en attendant, je veux un crochet au poignet ! »

Pirates chercheurs d'or

Virginie Hanna

À la mer, dans la maison de papi et mamie, c'est extraordinaire. Dans la chambre des petits-enfants, papi a fabriqué une bibliothèque pour mettre tous les livres d'histoires que mamie raconte. Sur chacun des lits se trouve une petite voile et il y a même une échelle qui pend du plafond. Quand Victor grimpe dessus, il crie :

- Attention ! Chacun à son poste ! Un navire de papirate à bâbord !

Et à coup sûr, une bagarre de polochon démarre.

Ce matin-là, les cris des mouettes réveillent Victor et sa cousine Lili.
L'odeur du chocolat chaud et du pain grillé promet une belle journée. Un câlin de papi et mamie, puis une grosse tartine finissent de réveiller les deux petits marins :
« Nous voulons aller sur une île ! s'exclament en chœur Victor et Lili.
- Nous sommes des pirates chercheurs d'or ! »

Mais papi a une autre idée :
« Je vous donne chacun une épuisette, nous allons pêcher la crevette !
- Oui, dit mamie, ce sera le repas de midi ! »
Lili trouve que c'est une bonne idée. Mais Victor n'est pas vraiment de cet avis.
À la plage, papi montre les trous d'eau près des rochers et explique comment on s'y prend avec son épuisette. Lili et Victor n'entendent rien car ils sont émerveillés :
- On se croirait sur l'île des pirates ! disent-ils en se regardant.

Après plusieurs tentatives pour capturer des crevettes, Victor en a assez. Sa tête a autant d'algues que son épuisette. Lili n'a que trois crevettes dans son seau. C'est un maigre festin qui se prépare.

Les deux épuisettes finissent par servir de pelle et une algue sert d'oeillère à Victor. Être un pirate, c'est bien plus amusant. Victor donne des ordres :
- Creusez moussaillons et plus vite que ça ! Sinon mon sabre risque de vous piquer les fesses !

Soudain, parmi les petits grains de sable, ils aperçoivent quelque chose qui brille.
- Papi ! s'écrient les deux cousins, on a découvert un trésor ! On est de vrais pirates chercheurs d'or !
Papi est aussi étonné qu'eux. Mais en riant de bon coeur il dit :
- Mes petits pirates, vous êtes surtout des trouveurs d'argent !

- Tu sais Papi, dit Lili en regardant vers le marchand de glaces, on ne t'a peut-être pas beaucoup aidé pour les crevettes, mais on va s'occuper du dessert !

La fille du pirate

Calouan

Comme chaque matin, Julia sortait sur le ponton du galion et hurlait :
- Aujourd'hui une belle journée s'annonce, nous allons nous emparer des plus beaux trésors. Montrez-moi un peu la carte, Loris.
Elle ajustait sa longue-vue et scrutait l'horizon, bien droite, fière, chemise flottant au vent.

Et comme chaque matin, on entendait :
- Julia, retourne dans ta cabine apprendre tes leçons de bonne tenue et réviser tes cours de cuisine.
Car Julia était la fille du terrible pirate Nakunedan-l'affreux et rêvait elle aussi de prendre les commandes du galion. Mais son père ne le voyait pas de cette façon et souhaitait faire de sa fille une lady élégante et raffinée qui saurait se tenir dans les salons des gens de bonne compagnie.

Nakunedan-l'affreux aurait aimé avoir un fils mais il ne fut pas exaucé. Aussi quand sa chère femme mit au monde une petite chérie, il lui promit d'en faire quelqu'un de bien.
Pendant des années, Julia vécut à terre, attendant impatiemment chaque retour de son père, les coffres pleins de bijoux, le corps couvert de blessures.
Cette fois-ci, Julia avait réussi, après bien des promesses et des supplications, à accompagner son père.
Mais c'était un vrai calvaire pour elle de devoir s'acquitter de ses leçons et travaux de fille.
Car Julia rêvait en secret d'être un jour aussi un effroyable pirate.

« Parez à bâbord, montez la misaine, j'aperçois un bateau à…
- Youpi ! s'écria Julia. L'aventure me tend enfin les bras. »
Mais quand elle croisa le regard de son père, elle comprit qu'elle devait encore retourner en fond de cale.
Julia se cacha derrière le mat et dans l'effervescence de l'attaque qui allait avoir lieu personne ne fit attention à ce bout de dentelle blanche qui dépassait.

Les pirates sautèrent sur le bateau du seigneur de Fouillibibi, espérant dévaliser ses coffres.
Mais Nakunedan ne vit pas le singe malin qui allait lui voler son pistolet accroché à sa ceinture. Il luttait sabre contre sabre avec le seigneur.
Julia surveillait l'étrange animal et au moment où sa patte fine et discrète se posait sur la crosse du pistolet, elle le saisit par la queue et tira très fort.
- Coooouuuuuiiiiii !
Le petit singe hurla, ce qui fit tourner la tête au seigneur.

- Briselame, qu’as-tu ?
Nakunedan-l’affreux en profita pour le désarmer et récupéra son sabre.
- Tu es fait, Fouillibibi !
Mais le seigneur n’avait qu’un souci : son petit singe. Julia le tenait par la queue et avait entouré son visage de son joli foulard rouge. L’animal se débattait sans pouvoir se débarrasser de l’emprise de la fillette.
- Lâchez Briselame immédiatement et je vous laisserais emporter tous mes trésors, supplia Fouillibibi, la larme à l’œil.

Ainsi, grâce à Julia, Nakunedan gagna la bataille contre le plus féroce - mais le plus sentimental - seigneur des mers.

C'est pourquoi depuis, chaque matin, quand la plus jeune pirate des mers s'écrie :

- Aujourd'hui une belle journée s'annonce, nous allons nous emparer des plus beaux trésors. Montrez-moi un peu la carte, Loris ! en ajustant sa longue vue pour scruter l'horizon, bien droite, fière, chemise flottant au vent, on entend le pas précipité de Loris, pressé d'obéir aux ordres de Juliavoitout la nouvelle assistante de Nakunedan-l'affreux.

Pierre le corsaire

Calouan

Sur son bateau ailé, Pierre est prêt à s'envoler pour des aventures endiablées.
Les voiles sont dépliées, l'encre est levée.
Il vérifie son équipage. A l'abordage !
Le temps n'est pas très beau ; les vagues font des rouleaux. Flic floc ! Elles claquent sur la coque ! Sur cette mer déchaînée, Pierre n'est pas inquiet.
Il arme son canon avec des petits ballons.
Il va rechercher des trésors, des bijoux, des pièces d'or.
En avant ! Contre marées et vents !
Avec son bandeau sur les cheveux et son épée bleue, il a l'air vraiment affreux !
Sans oublier une boucle d'oreille, pour être tout à fait pareil !
Oh là ! Moussaillon, prends garde à toi !

Pierre est un pirate souriant qui écume les océans, son sabre entre les dents.
Malgré sa jambe de bois, il se tient bien droit.
Hissez haut ! Enfin... quand ça tangue pas trop!
Coco son perroquet, son ami pour de vrai, l'accompagne, sur son épaule posé.
Pierre tourne le gouvernail et gagne toutes les batailles !
À bord de sa galère ! Oyez oyez ! voilà Pierre, le terrible corsaire !

Courage, Trojenti

Calouan

Trojenti avance une main fermée devant lui, décidé.
- En garde, pirate de pacotille !
Il s'entraîne à se battre contre d'imaginaires corsaires. Car Trojenti voudrait devenir le plus terrifiant des pirates des océans. Mais il ne fait peur à personne. Au contraire, on lui tape volontiers dans le dos et on le renvoie au fond des cales lorsqu'une bataille s'engage. Trojenti en a assez. Lui aussi il voudrait terrasser les galères de passage.
Trojenti grogne et montre les dents au miroir devant lui mais il se désole : décidément non, il ne fait pas peur.

Soudain, il entend du bruit au-dessus de lui et une course de pas se mêle à de grands cris.
- Viens, Trojenti, on a besoin de toi. Ça barde là-haut !
Trojenti n’en revient pas : on a besoin de lui ?
Il monte précipitamment et découvre une scène de combat sur le navire. D’autres pirates ont envahi le bateau et il faut les chasser.
Trojenti avance timidement : que va-t-il bien pouvoir faire ? Il n’effraie personne !

- Allez, moussaillon, Jambedebois vient d’être blessé, tu dois t’occuper du canon et des armes.
Trojenti reste là, abasourdi... On lui confie le canon... les armes, à lui ? Comment est-ce possible ?
Il doit être à la hauteur, c’est la chance de sa vie. Il saisit un boulet qui est à terre et se sent projeté en avant. C’est que ces grosses boules en fonte de fer pèsent sacrément lourd. Il réussit à en mettre une à l’intérieur du canon.
Trojenti a déjà observé Jambedebois et il sait ce qu’il doit faire avant de tirer : il introduit une espèce de cartouche dans la bouche du canon et l’enfonce en la calant avec un bouchon de paille. Puis, il place une mèche dans la lumière...

C'est le moment fatidique. L'ennemi est en train de gagner la bataille et ça, on ne lui pardonnera jamais. Il prend un grand bol d'air, ferme les yeux et met le feu à la mèche. Le canon dévie et la détonation gronde dans les airs mais les envahisseurs terrorisés sautent tous à la mer.
Le bateau est sauvé et pourtant Trojenti n'a blessé personne.
- Hourra !! Trojenti, tu es notre héros !!
Voilà comment Trojenti est devenu un pirate reconnu pour ses grands talents d'artilleur !

Le trésor du petit mousse

Mireille Saver

Comme tout le monde le sait, un pirate ça attaque des bateaux par tribord. Ça pille des pièces d'or qu'il cache au fond d'une caverne sur une île déserte. Mais parmi tous ces hommes armés de sabres et de mousquets, se tient un garçon, sans poil au menton, que tout le monde surnomme : P'tithomme.

P'tithomme est un jeune mousse. C'est lui qui nettoie le pont, nourrit le perroquet vert et épluche les pommes de terre. Il n'a pas encore le droit de porter un anneau d'or à son oreille. C'est un privilège réservé aux vieux pirates, ceux qui ont navigué sur les mers du monde entier.

Souvent la nuit, le capitaine raconte ses aventures à P'tithomme.
« Tu verras, moussaillon, lui dit le capitaine. Lorsque tu seras un vrai pirate, tu voleras des trésors. Tu seras riche à chaque retour au port.
- Je devrai aussi perdre une jambe ou un œil ? lui demande P'tithomme.
- Un bras ou une oreille ! Ce sont les risques du métier », assure le capitaine avec fierté.

P'tithomme ne veut rien perdre de pareil puisqu'il possède déjà un trésor. Un vrai, mais ça c'est son secret.

Alors lorsque la vigie crie : « Voile à l'horizon ! », P'tithomme disparaît dans la cave. Il ne voit alors plus rien, mais quel bruit ! Ça tonne, ça résonne, ça claque, ça craque, ça éclate, ça explose, ça crépite … Puis c'est le silence et enfin la victoire dans un cri.

- Hourra ! Hourra ! On a coulé un bateau du roi !
Quelle bataille ! Quelle mitraille ! Raconte le capitaine satisfait. J'aime les abordages ! J'admire mon équipage ! Les pierres précieuses, j'adore ! J'amasse des trésors !

P'tithomme écoute le capitaine raconter ses exploits. Il sait bien que les coffres remplis de bijoux et de pièces d'or sont signes de retour au port.

Un beau matin, la vigie s'écrie : Terre ! Terre !

- Vite, mettons nos habits les plus beaux, rasons notre barbe, aspergeons-nous de parfum, crient ensemble tous les marins. Doucement le port s'approche. Le moment, tant attendu, arrive enfin.

P'tithomme aperçoit Lilly, la fille du meunier qui est venue l'attendre sur le quai. Le petit mousse est heureux. Il possède le plus merveilleux des trésors. Un trésor bien plus précieux que toutes les pièces d'or.

L'apprenti pirate

Valérie Videau

Marlow trouve sa vie bien trop monotone. Toute la journée, il répète les mêmes gestes, puis traîne au port en rêvant devant les bateaux.
Un jour, le jeune homme découvre une affiche sur un poteau.
Équipage cherche hommes courageux, aimant l'aventure pour longs voyages en mer. Se présenter sur le bateau l'Esquive.
« Voilà qui va changer ma vie ! », s'exclame Marlow.

Mais quand il monte sur le bateau, horreur !
Les autres candidats à l'aventure sont
tout aussi épais que lui est menu !

« Autant vous le dire tout de suite, moussaillons !
annonce le capitaine, nos voyages ne seront pas une
croisière ! Si vous voulez vous enrichir sur les mers,
il faudra combattre sans pitié, parole de pirate !
Alors, il est encore temps de descendre à quai !
Et pour tester votre équilibre, vous allez
marcher sur cette poutre ; celui qui tombe
à l'eau sera éliminé ! »
Pauvre Marlow... il a peur de l'eau !

« Tu t'es trompé d'adresse ! s'écrie le capitaine. Regarde-toi, tu es maigre comme un haricot et tu as du sang de navet dans les veines ! Tu parles d'un pirate ! »
À ces mots, Marlow a une idée...

« Euh... en fait de haricots et de navets, capitaine, je sais mieux que personne préparer de bons plats ! »
Le capitaine réfléchit, puis, d'une voix tonitruante, annonce :

« Descends en cale et que la soupe soit bonne ! On embarque dans deux heures ! »
Marlow en rêvait : il va partir à l'aventure, sans prendre trop de risques... à part celui du mal de mer !

Roussette, la pirate

Mireille Saver

Lorsque les pirates s'en allaient faire fortune, ils emmenaient sur leur navire de quoi se nourrir. Aussi, avant de quitter le port, Bambou le petit mousse, sur les ordres de son capitaine, embarqua une dizaine de poules bien dodues. Ces poules donneraient des œufs qui finiraient en une délicieuse omelette, en attendant d'être mangées.

Les dix poulettes se promenaient, en toute liberté, sur le navire. La plus petite, Roussette, choisit de faire son nid dans un rouleau de cordage, bien à l'abri derrière un monticule d'objets divers.

Pendant que Roussette dormait, les marins attaquaient les autres navires. C'est lors d'un de ces combats qu'un pirate fit tomber, de sa poche, une pièce d'or qui roula, roula…

Au bout de plusieurs mois en mer, il ne resta plus rien à manger.
- Ce n'est pas possible, dit Bambou. J'ai monté 10 poules à bord et nous n'en avons mangé que 9.
Affamés, les pirates fouillèrent de fond en comble le navire à la recherche de la dixième poule.

Bambou trouva Roussette qui dormait dans son coin. En la soulevant, Bambou aperçut quelque chose qui brillait dans le nid.
- Capitaine ! Capitaine ! cria le mousse. La poule a pondu une pièce d'or !
Tous les hommes qui se trouvaient là furent bien surpris.
Le capitaine donna l'ordre de remettre immédiatement Roussette dans son nid.

Je te donnerai chaque matin de l'eau, du grain et des miettes de pain. Tu verras, de nombreuses pièces tu feras lui disait Bambou.

C'est ainsi que Roussette fut sauvée. Elle n'a plus jamais pondu de pièces d'or mais elle est restée à bord. Elle est même devenue la mascotte du navire.

Le mouton pirate

Mireille Saver

Habib habitait tout près d'un grand lac. Au milieu, une petite île surgissait et Habib aurait bien aimé la visiter. Bien entendu, Habib aurait pu y aller à la nage. Mais les moutons ne savent pas nager. Alors, sur la rive, Habib s'imaginait des histoires de pirates. Lui, le pirate Habib rêvait de retrouver un trésor enfoui.

Un jour, Habib trouva une barque amarrée là entre les roseaux. Habib sauta dans la barque, saisit les rames et se mit à ramer énergiquement en direction de l'île.
- J'y vais ! Une, deux... Une, deux... ! s'encourageait Habib. Je vais trouver un coffre rempli d'or. Je suis un vrai pirate.

Prudemment, il aborda dans une petite crique. Il saisit un bâton en guise d'épée et partit explorer les lieux à la recherche du trésor. Malheureusement, à part quelques grenouilles, il ne rencontra pas âme qui vive. Finalement, il trouva son île un peu triste. Sans trace de trésor, il ne lui restait plus qu'à rentrer.

Mais lorsque Habib voulut revenir sur la terre ferme, son embarcation flottait au milieu du lac. Habib avait simplement oublié de fixer les amarres.

- Au secours ! se mit à hurler Habib. Je ne veux pas rester sur cette île.

Des cygnes entendirent ses cris de détresse. Ils lui ramenèrent le petit navire et Habib put regagner la rive sans encombre;

- Le métier de pirate est bien trop dangereux ! pensa Habib. Finalement, on est bien mieux sur la terre ferme.

Depuis ce jour, Habib ne veut plus être un vrai pirate mais il continue de rêver. C’est tellement mieux.

Le plus merveilleux des trésors

Christelle Huet-Gomez

« Nous avons trouvé un trésor ! s'exclame Jo le Terrible.
- Vive le capitaine ! », hurlent les pirates.
Chacun imagine ce qu'il va faire de son argent : Billy le Borgne veut un nouvel œil de verre, Willy Cat une cage en or pour son perroquet et Sam sans-cervelle rêve de pâte à modeler pour réparer sa bouée trouée… Quant à John la Brioche, il veut offrir à sa maman la bague dont elle rêve depuis si longtemps.

BOUM ! Un boulet de canon fait sursauter l'équipage !
Les pirates du cruel Filou Tempête sautent sur le bateau ! En un clin d'œil, ils attachent Billy le Borgne et Willy Cat au mât. Ils jettent à l'eau Sam sans-cervelle et John la Brioche. Puis, devant les yeux effrayés de Jo le Terrible, s'emparent du fameux trésor et s'enfuient !

- Nous pouvons oublier nos rêves... renifle Jo le terrible.

Les pirates sont tristes de voir leur capitaine si malheureux... Mais John la Brioche a une idée...

Toc toc toc.
« Entrez moussaillons !
- C'est pour vous », annonce John la Brioche en tendant un petit coffre en bois. Chacun des hommes y a placé ce qu'il avait de plus cher : Billy le Borgne son cache-œil, Willy Cat une plume de son perroquet, Sam sans-cervelle sa bouée trouée et John la Brioche une photo de sa maman.
- Vous venez de m'offrir le plus merveilleux des trésors ! les remercie Jo le Terrible.

Concours de pirates

Calovan

« Oyez oyez bonnes gens ! Sa majesté le roi déclare ouvert le concours du plus féroce pirate. Celui qui l'emportera servira dans la garde royale et en commandera les troupes. »

- Quoi !? Le concours du plus féroce pirate ?

Pour Afreujojo, l'ignoble pirate, l'occasion est trop belle de se mesurer aux pirates venus du monde entier. Il ne peut résister :

- Je veux participer à ce concours !

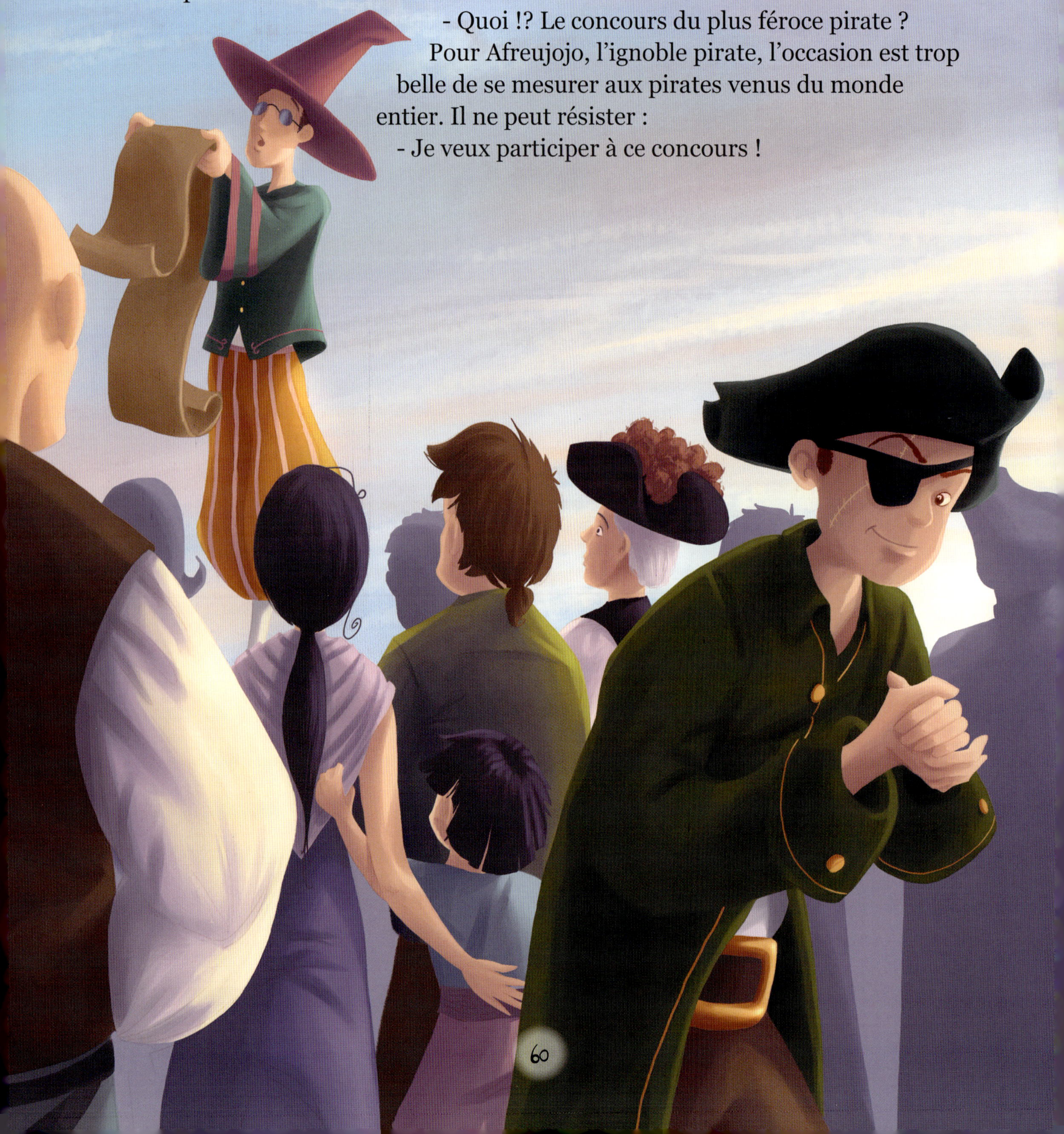

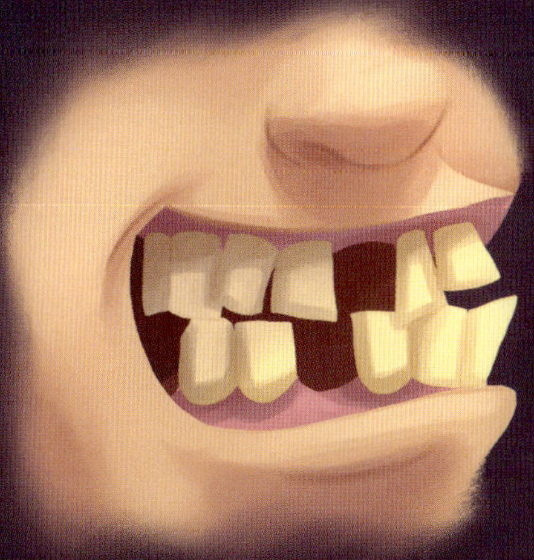

Il ajuste son bandeau sur son œil blessé : avec ses cicatrices, il a l'air terrifiant.
Il vérifie sa bouche aux nombreuses dents cassées : son sourire est effrayant.
Il aiguise son épée et recharge son pistolet : ainsi il sera invincible.

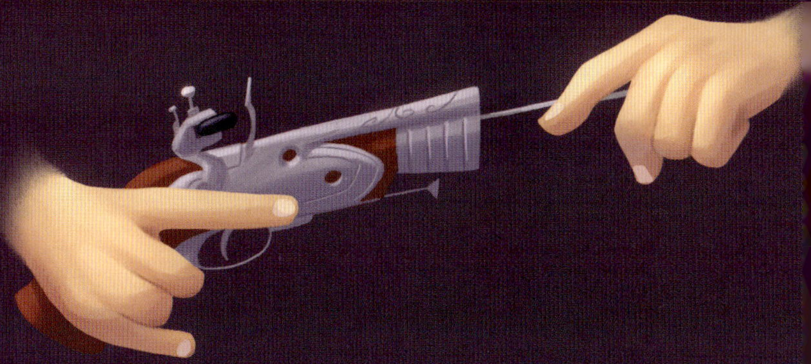

Il serre son gros ceinturon sur la grande chemise blanche, ça fait ressortir ses gros muscles. Il est très impressionnant.
Tout a l'air prêt... Il est décidé à combattre les plus effroyables pirates.

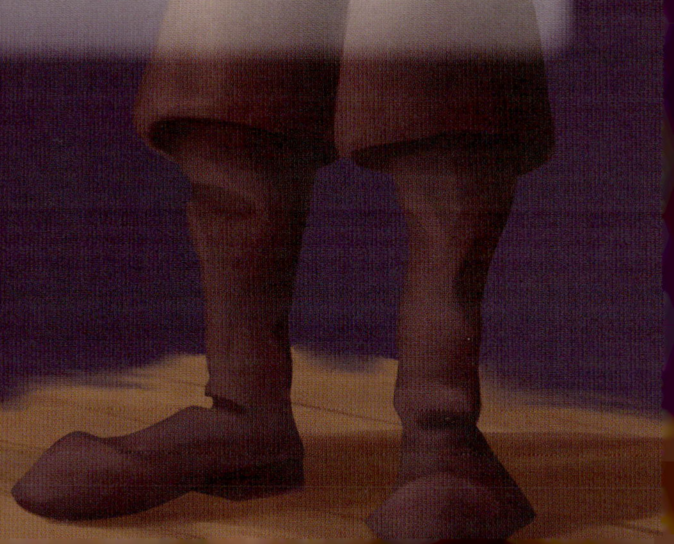

Il se dirige alors vers le lieu du rendez-vous de tous les corsaires souhaitant participer au concours. Il reconnaît Bigbiscotos, la terreur du Pacifique ; Poucévoudelaquejemimète, le cruel pirate de la mer du Nord ; Ouquiléfor, le monstrueux pirate des Caraïbes... et bien d'autres encore.
Afreujojo est impatient. Il serre les dents, remonte les manches et pose sa main sur son épée. Mais aucun des pirates n'a l'air de s'intéresser à lui.

- Alors, bande de lâches ? On recule devant Afreujojo le plus affreux des affreux jojos ?

- Doucement ! Ne fais donc pas tant de bruit, si tu me déconcentres, je vais rater ma... mayonnaise ! trépigne Gromoche.
- Ma quoi ? Quel est donc ce nouveau tour d'épée ?
- Je n'arrive pas à suivre ma recette si tu brailles comme ça, soupire Ouquiléfor.
Afreujojo se demande bien ce qu'il se passe dans cet étrange endroit. Il n'entend ni poudre exploser ni fers se croiser. Mais que font-ils tous ces terribles pirates ?
« Que penses-tu de mes blancs ? Sont-ils assez fermes ?
- De tes blancs ? Quels blancs ?
- Ben, mes blancs en neige pardi !! hurle Poucévoudelaquejemimète.
- Mais vous êtes devenus fous ? s'inquiète Afreujojo.
- Tu n'as pas entendu le messager ?

- Je croyais mais je pense que je suis parti trop vite, je n'ai pas dû entendre la suite… finit par admettre le pirate dépité.
- C'est un concours pour devenir le chef cuisinier dans l'armée du roi.
- Le chef cuisinier ??
- Oui… Regarde ce que j'ai préparé : Charlotte aux pétales de rose nappée d'un coulis de framboises blanches… »
Afreujojo s'interroge : pourquoi sont-ils tous si enthousiasmés par ce concours ? Ils sont tombés sur la tête !
Quand la princesse Florida fait son entrée dans la pièce…

Et voilà tous les plus cruels pirates de tous les temps qui fondent comme une tablette de chocolat au bain-marie...
- Alors messieurs, qui sera le chef cuisinier qui travaillera à mes côtés prochainement ?
C'est donc ça ! Afreujojo vient de comprendre. Les ignobles ne désirent pas devenir des cuisiniers reconnus aux quatre coins du monde, ils espèrent juste passer quelque temps auprès de la sublime Florida...
Quels pirates monstrueux, vraiment !!

Crâne de pirate

Calouan

Santif était pirate sur un galion où chaque homme de l'équipage était tiré à quatre épingles, toujours très élégant.
Car, s'ils étaient de cruels bandits, ils n'oubliaient pas de soigner leur allure.
Ils étaient tous des hommes très raffinés portant chemise à jabot d'une blancheur immaculée sur un pantalon knicker sans un accroc, avec des ongles propres et parfaitement entretenus, sans oublier leur coiffure impeccablement mise en plis.

Parmi cette troupe de corsaires bellâtres, Santif ne pouvait avouer qu'il perdait ses cheveux depuis de longs mois et que désormais son crâne était aussi lisse qu'une coquille d'œuf : il était chauve. Plus un seul cheveu sur sa peau luisante.
Le dangereux pirate savait qu'il serait le sujet d'infâmes moqueries si les autres devinaient le malheur qui le frappait. Alors, il cachait l'inavouable sous un foulard, noué sur sa tête, qu'il recouvrait d'un chapeau à grands bords.

Pensant qu'il s'agissait d'une nouvelle coquetterie, l'équipage s'était mis à l'imiter et désormais, les larges chapeaux noirs étaient à la mode sur les flots. Santif se pensait à l'abri de tout quolibet et se gardait d'ôter son couvre-chef pour saluer les jolies dames qu'ils étaient amenés à dépouiller.

Ce jour-là, sur le ponton du gros rafiot qu'ils attaquaient, le vent se mit à souffler fort. Santif retenait son grand chapeau d'une main et bataillait de l'autre. Il était très élégant à combattre ainsi mais aussi fort embêté.
Quand la belle Louisiane faillit basculer par-dessus le bateau, poussée par les hommes qui se battaient, Santif se précipita pour la retenir, oubliant son couvre-chef qui cachait sa calvitie. Et un large coup de vent fit s'envoler celui-ci.
Santif s'en moquait bien. Les deux mains en avant, il remontait Louisiane qui s'agrippait à lui. Quand elle fut à bord à nouveau, sauvée, elle regardait Santif avec des yeux éperdus.

C'est seulement alors qu'il sentit que sa tête n'était plus couverte. Mais la chaleur qu'il ressentait en tenant Louisiane dans ses bras lui fit oublier la honte de la situation. La belle ne paraissait pas déçue de son crâne chauve… au contraire ! Elle trouvait ce courageux pirate très beau. Elle ne le quitta plus…
Depuis, comme de bien entendu, tous les pirates vivent le crâne nu, rasé de près, espérant plaire aux jolies dames croisées sur les navires attaqués…

Le mal de terre

Christelle Huet-Gomez

- Tout le monde descend ! ordonna le capitaine Frimousse.
Dès qu'il eut posé un pied à terre, le capitaine commença à se sentir mal :
« Que m'arrive-t-il docteur ? Je marche de travers, j'ai mal à la tête et j'ai envie de vomir...
- Capitaine, vous avez le mal de terre ! Mais j'ai un sirop qui va vous guérir en un instant.
- Un sirop ? Pas question ! D'ailleurs, je me sens déjà mieux... »

Le capitaine Frimousse sortit une carte de sa poche :
- Le trésor est par ici !
Il fit quelques pas en avant et manqua de tomber.
« Vous devriez prendre du sirop... tenta le docteur.
- Si vous me proposez encore de ce sirop, je vous jette aux requins ! »

Frimousse se sentait de plus en plus mal. Mais le trésor n'était plus qu'à quelques mètres de lui... Il y arriverait sans ce sirop pour pirates d'eau douce !

Soudain, le capitaine entendit derrière lui la voix du célèbre pirate Museau-Vert :
« Ce trésor est à moi ! hurlait Museau-Vert en courant vers le coffre.
- Vite docteur, mon sirop ! », cria Frimousse

Frimousse avala une grande cuillère de sirop. Aussitôt, il se sentit mieux ! Il attrapa le trésor et regagna son bateau à la vitesse de l'éclair.

Le capitaine Frimousse ne rechigna plus jamais à prendre son sirop. Ce qui n'était apparemment pas le cas de Museau-Vert. Car lorsque Frimousse l'aperçut quelques jours plus tard, Museau-Vert avait le mal de mer !

Du goût pour Maléfik !

Calouan

Maléfik, l'ignoble pirate qui sème la terreur, s'ennuie.

Attaquer des galions par surprise ne l'amuse plus. Désormais, dès que son bateau s'approche, avec son drapeau noir flottant au vent, les équipiers du galion piraté se jettent à l'eau sans même oser se battre contre lui. La partie est jouée d'avance. C'est devenu trop facile. Il ne sort même plus sa belle épée de son étui.

Dérober tous les trésors possibles, plus magnifiques les uns que les autres n'est plus aussi excitant. Ses cales en sont remplies. Il n'a plus de place pour entasser les nouveaux coffres qu'il vole et ces joyaux ne le font plus frémir.
Conquérir le cœur des belles princesses réticentes, qui tremblent de peur devant lui n'est même plus aussi difficile. Sa réputation a fait de lui un homme courtisé. Et les princesses rêvent désormais de cet homme héroïque qui les protégera contre tous les malfaiteurs éventuels.

Le terrible pirate voudrait de l'action.
Justement, il aperçoit un petit rafiot qui vogue dans sa direction.
Il souffle dans sa corne de brume pour sonner la charge mais l'embarcation ne fait pas demi-tour. Intrigué, Maléfik se dit qu'il va aller se dégourdir les jambes et se frotter un peu à un vaillant capitaine qui ne recule pas devant lui.

Lorsqu'il saute sur le ponton du petit bateau, il n'entend aucun bruit. Tout est silencieux. Il s'approche de la calle et voit un petit homme penché sur un grand panier de fleurs violettes. Sur la table sont rangées de petites fioles remplies d'une drôle de poudre.
Maléfik surgit :
- Allez, moussaillon, donne-moi ton trésor !
D'un geste, l'homme protège les petites fioles de verre.

« M'as-tu entendu ? Montre-moi où se trouve ton coffre ?
- Je n'ai d'autre trésor que cette poudre. C'est du safran et on me paie cher pour en ramener. »
Surpris, le pirate saisit brusquement un des petits pots et dans sa précipitation, il se renverse de la poudre sur sa belle chemise immaculée.
Des auréoles de couleurs se dessinent alors et Maléfik étonné, porte les mains à sa bouche.
- Mais que sont ces motifs qui viennent colorer ma chemise triste ?
Lorsque sa langue passe sur ses lèvres, il sent un goût fort qui l'emporte.

« D'où vient ce goût épicé qui me chatouille les papilles ?
- Je vous l'avais dit : ce safran est un vrai trésor. Et pour tous ces plaisirs que vous venez de découvrir, on me voue un grand respect et on me couvre d'or. Seulement voyez-vous, cette épice demande beaucoup de patience. Je dois retirer de nombreux filaments rouges enfouis à l'intérieur de la fleur violette pour obtenir un peu de cette poudre. »
Maléfik est surpris. Il pensait que pour vivre de drôles d'aventures, seule la force et le combat pouvaient le permettre. Il comprend qu'avec patience et finesse, il peut connaître de bien étranges choses aussi.
Depuis Maléfik est devenu un marchand d'épices très réputé. Et personne ne s'amuserait à venir piller son trésor : les petites fioles qui ont tant de goût.

Pirate au cœur tendre

Mireille Saver

Le commandant du navire dont le pavillon à tête de mort flottait au vent, était le plus terrible pirate de tous les temps. Ce pirate au caractère terrible, s'appelait SOUPOUF.

Tous les marins du globe avaient peur de Soupouf. Les sirènes ne chantaient plus et les poissons s'enfuyaient lorsque le bateau du pirate dansait sur les vagues. Dès qu'au loin, Soupouf apercevait une voile, il donnait ses ordres pour le combat.

- En avant moussaillons ! Toutes voiles dehors ! À l'abordage !

À ces mots, tous les hommes, armés et terrifiants, s'emparaient du bateau ennemi. Imaginant le navire rempli de riz, d'épices et de pièces d'or, Soupouf criait fort :

- Encore un effort et le navire sera à nous !

Ça sentait la poudre et le canon. Ça hurlait dans tous les coins. Puis le calme revenait.

Sitôt la bataille gagnée, Soupouf comptait ses malheureux prisonniers puis descendait dans la cale en se frottant les mains de satisfaction.

Le lendemain, le redoutable pirate jetait les amarres sur une île perdue au milieu de l’océan. Là, il distribuait nourriture et argent aux pauvres. C’était toujours ainsi qu’agissait Soupouf. Il partageait le butin : moitié pour l’équipage, moitié pour les malheureux.

Puis, il entreprenait de faire le chemin du retour. Après des mois de mer, le bateau pirate revenait au port et chaque marin retrouvait sa famille.
A l'entrée de sa maison, le pirate, débarrassé de son sabre, cessait d'être Soupouf le terrible pour devenir un père tendre, affectueux et doux, ainsi qu'un bon époux.

Où est passée Mimi poulette ?

Calouan

Rakmor est un drôle de pirate : il aime les poules. Sur son navire, la seule compagnie qu'il tolère, c'est celle de ses poules adorées. Mimi poulette est sa préférée. Avec ses ailes rousses et sa jolie crête, c'est vraiment une belle poulette. Mais surtout, Rakmor pense que les poules sont de vraies alliées : chaque jour, elles pondent des œufs que le pirate gobe crus. Cela lui donne des forces, il se sent invincible.

Ce matin, Mimi poulette est introuvable. C'est la meilleure pondeuse et Rakmor sait qu'il ne peut se passer d'elle. Les autres poules sont affolées. Si un voleur rode dans les parages, ce sera bientôt leur tour.

Naïve poulette se décide à partir à sa recherche. Rakmor est inquiet. Il soulève le lourd cordage des voiles, enroulé sur le ponton mais pas de Mimi poulette.
Naïve poulette grimpe sur le mât. Derrière les voiles, pas de traces de Mimi poulette.
Le pirate regarde dans l'écoutille mais sous les marchandises, il ne trouve pas sa chère poulette.
Sur le ponton du navire, il appelle :
- Mimi poulette, où es-tu ma belle ? Allez, viens ma mignonne !
Mais le silence est sa seule réponse. Tous les regards se tournent vers Rakmor.
- Comment vais-je faire sans les bons œufs frais de Mimi poulette ? gémit le pirate.

Rakmor va voir dans la cale, cherche partout dans la soute mais là encore, il ne voit aucune trace de sa chère poulette.

- Elle s'est peut-être noyée ? s'inquiète Dodue poulette.

Le pirate s'affole. C'est vrai, elle a peut-être essayé de regarder un poisson au fond de l'eau et elle se sera renversée dans les flots. Rakmor est désespéré.

- Je ne reverrai jamais ma chère Mimi, pleurniche-t-il. Quel grand malheur !

Les autres poulettes n'osent intervenir. Elles sont aussi tristes que leur pirate et l'affreuse nouvelle les laisse sans un « cot cot ». Le pirate décide de s'isoler dans sa chambre pour ne pas trop montrer son chagrin à ses chers volatiles.

Il s'allonge sur son lit, les yeux replis de larmes quand il entend :
- Cot cot cot !!!
Il se relève et aperçoit sa belle Mimi allongée elle aussi qui faisait sa sieste sur son lit.
- Oh ma poulette ! Tu étais ici ! Et dire qu'on t'avait crue perdue à jamais... et toi, tu dormais, tranquillement installée sur mes oreillers...
Rakmor sort sur le ponton victorieux, tenant Mimi poulette à bout de bras.
- Hourra ! Mimi est à nouveau parmi nous... et pour fêter ça, ce soir, galettes de maïs pour tout le monde...
Hourra !!!

Une fleur pour Cœurdepierre

Calouan

Jack Cœurdepierre, célèbre pirate à la tête de la flotte de galères « flèches des flots », se regarde dans le miroir de sa cabine. C'est que ce grand guerrier est invité à la table du tsar Yvan Skivol, réputé pour être dur en affaire. Jack est un gros mangeur, un gros buveur et un vrai flambeur ; il aime les repas avec Yvan Skivol car il y est royalement servi.
Mais ce soir, ce n'est pas le menu qui l'intéresse ni la nouvelle mission dont veut le charger le tsar, c'est pour Anna que son esprit s'agite. Car Jack est amoureux d'Anna, la fille d'Yvan.

Anna est connue dans tous les royaumes alentour pour manier l'épée avec grâce et férocité, pour monter les chevaux comme personne et pour n'avoir jamais trouvé d'adversaire à sa taille pour la battre à la lutte.
Malgré sa douceur apparente, Anna est une impitoyable, une intrépide guerrière.
Jack se dit qu'il ne peut espérer d'autre épouse qu'Anna. Et ce soir, il est bien décidé à conquérir son cœur.
Quand il arrive au palais du tsar, Jack Cœurdepierre aperçoit Anna qui revient d'une séance de lutte.
Il dépose à ses pieds une montagne de pierres précieuses :
- Ma chère, vous êtes une rebelle bien connue et moi le plus effroyable des pirates. Voulez-vous m'épouser ?
- Cœurdepierre, ces trésors que vous m'offrez ont la dureté de votre cœur. Reprenez cela et passez votre chemin.
Et Anna file à un cours d'escrime où elle s'entraîne à croiser le fer.

À son retour, Jack l'attend. Il dépose à ses pieds une montagne d'armes, puissantes et cruelles.

- Ma chère, vous êtes une rebelle bien connue et moi le plus effroyable des pirates. Voulez-vous m'épouser ?

- Cœurdepierre, cet armement a la noirceur de votre cœur. Reprenez cela et passez votre chemin.

Jack voit Anna sauter à cheval et partir.

Une fois de plus, il l'attend. Décidément ce soir, il n'a pas faim. Il souhaite lui offrir tous les drapeaux de sa flotte en gage de son dévouement illimité. Anna ne revient pas encore.

De rage, il envoie des coups de pied dans les massifs de fleurs. L'impatience le gagne.

- Cette Anna me fera devenir fou ! grogne-t-il.

Mais une fleur est restée accrochée à son soulier. Furieux, il se penche pour la retirer quand Anna arrive enfin, de retour de sa longue chevauchée.

- Oh ! Cœurdepierre ! Cette fleur que vous m'offrez laisse présager de la tendresse de votre cœur. Voulez-vous toujours m'épouser ?

Et que croyez-vous que Jack répondit ?

Un secret bien gardé

Mireille Saver

Barbe Rousse était le pirate le plus terrible de toutes les mers du globe. Barbe Rousse ne craignait rien ni personne. Enfin c'est ce que tout le monde croyait. Or, il était un être qui terrorisait Barbe Rousse, c'était Madame Barbe Rousse, sa femme.

Madame Barbe Rousse était petite et menue, tout le contraire de son pirate de mari. Mais quel caractère ! Lorsqu'elle se mettait en colère, le terrible Barbe Rousse tremblait de peur. Madame Barbe Rousse voulait que le navire soit propre du pont jusqu'à la cale et les pirates présentables. « On peut être pirate et soigné », ordonnait-elle fermement.

Afin d’éviter les disputes, le pirate commandait le grand nettoyage. Si l’on s’approchait du navire, on pouvait entendre :

« Je frotte ici ? Et aussi ici ?

- Partout, je te dis. Il faut que ça brille. »

Les pirates lavaient le pont du navire, astiquaient les cuivres, rangeaient les cordages.

Puis, se frottaient le nez, les pieds et les mains, se rasaient de près et s’aspergeaient d’Eau de Cologne.

Lorsque navire et marins étaient propres, le bateau rentrait au port. Là, les attendait Madame Barbe Rousse pour une parfaite inspection.

- C'est propre, n'est-ce pas, ma chérie ? Je ne sens plus le poisson ? Tu es contente, ma chérie ? Demandait Barbe Rousse, timidement.

Si tout était parfait, Barbe Rousse et les pirates pouvaient rentrer chez eux.

Quelques jours plus tard, il revenait prêt pour un nouveau voyage. Dès que le vent s'engouffrait dans les voiles, Barbe Rousse redevenait le plus terrifiant des pirates. Jamais personne n'a révélé le secret de Barbe Rousse.

Ordre était donné de ne rien dire, sinon : couic !
Alors motus et bouche cousue, toi qui connais maintenant ce secret, ne le dis à personne. Chut !!

Jack le pirate

Valérie Videau

Il était une fois, de terribles pirates qui attaquaient tous les bateaux pour voler les trésors qu'ils transportaient...
« Hé, les gars ! lance Jack, le chef des pirates. Regardez ! Cette carte indique qu'un trésor est caché dans la crique des Ortolans. Allons-y ! »

Un peu plus tard, les pirates accostent sur la petite plage et découvrent un coffre à trois serrures... Clic ! Clac ! Cloc ! Aucun coffre ne résiste à Jack ! Mais ce qu'il contient le met dans une colère noire...
« Je me fiche, moi, des livres ! Je veux de l'OR ! »

En feuilletant le livre, le pirate trouve une photo. C'est celle de la princesse Ariane, qui vit au château de Lavacourt. Mais le livre révèle surtout l'endroit où se trouvent les pièces d'or de sa famille...

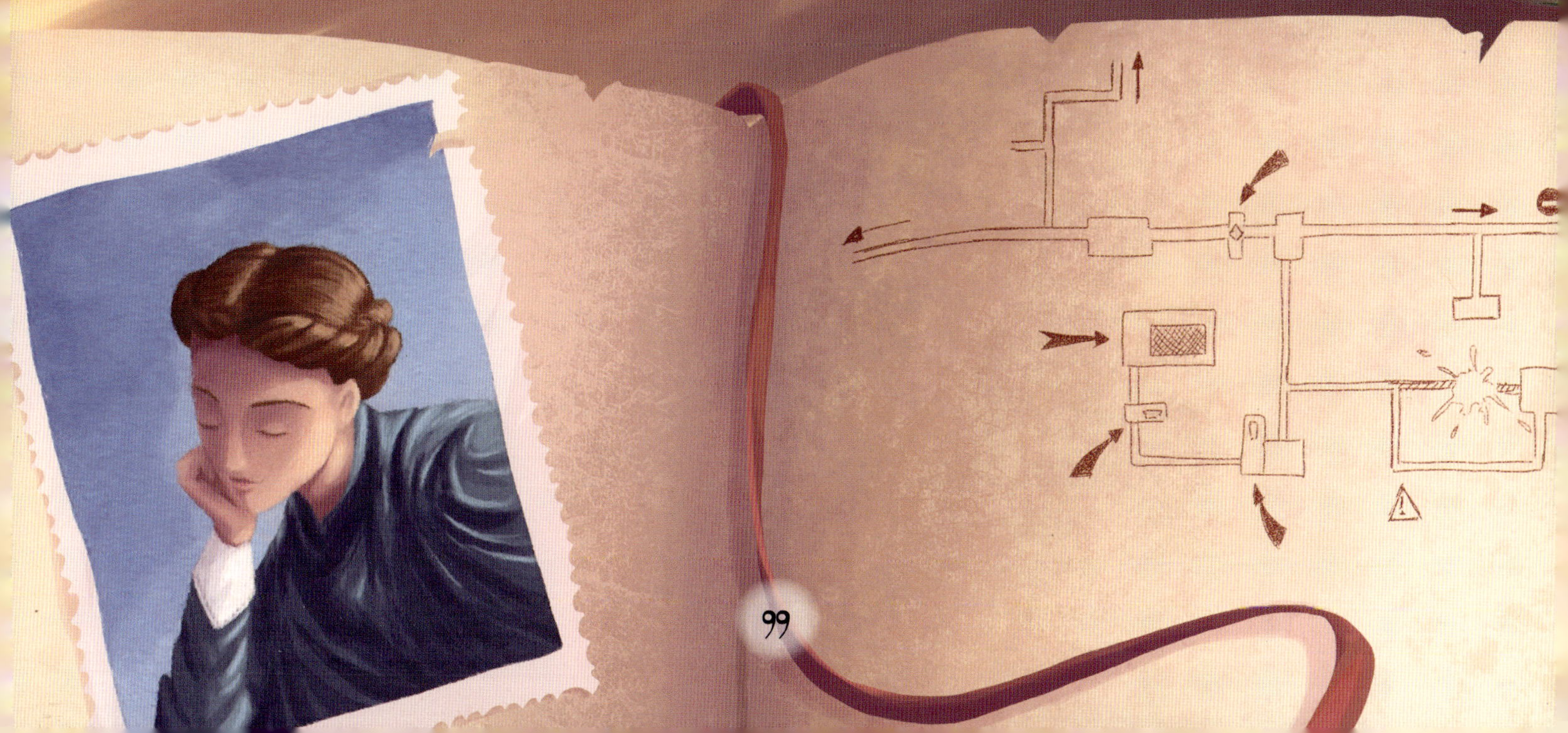

« Moussaillons ! s'écrie Jack. Cap au château ! Une montagne d'or nous attend ! » Enfin, après une longue traversée, et la barbe hirsute, Jack et ses complices se faufilent dans le château, à la recherche du magot.

Seulement, cette fois, Jack n'a pas le sens de l'orientation… Il se trompe de porte et entre dans la chambre de la princesse Ariane !
« Qu'elle est belle ! chuchote-t-il devant la jeune fille endormie.
De ma vie de pirate, je n'ai vu pareille créature…
Hé, Jack ! soufflent ses amis. On est venus pour le trésor… »

Mais Jack ne répond plus. Il n’entend plus... il est tombé amoureux de la princesse !
On raconte que, depuis ce jour, le pirate s’est rasé la barbe et se promène dans les allées du château, au bras d’une princesse aux cheveux d’or...

Capitaine Cachalot est ramollo

Virgine Hanna

Le capitaine Cachalot est ramollo. Il vient de tomber en saluant son équipage. Il est surtout fatigué de toujours se fâcher car rien n'est fait comme il l'a demandé. Il dit à son poulpe :

- Qu'est-ce que c'est que ces moussaillons qui ne savent pas laver le pont ?

Le poulpe bredouille dans ses ventouses :

- Le petit nouveau s'est trompé. Il a pris le beurre pour le savon.

Le pont est donc pour quelque temps transformé en patinoire.

Capitaine Cachalot demande à son poulpe :
- Qu'est-ce que c'est que ces spaghettis à l'amande douce ?
Le poulpe s'empourpre et explique avec évidence :
- Le cuisinier n'a plus de beurre. Il a pris le savon pour que les pâtes ne collent pas !

Mais quand Cachalot donne des ordres des bulles flottent dans l'air.

Du coup capitaine Cachalot s'énerve :
- Et qu'est-ce que c'est que cette viande dure ?
Le poulpe commence à baisser la tête :
- Il n'y en avait plus dans les cales du bateau. Le cuisinier a eu la bonne idée de faire bouillir les semelles de vos chaussures.

Cachalot devient rouge puis vert. Tout l'équipage se dit qu'il a une indigestion. Mais capitaine Cachalot se met à crier :

- Qu'est-ce que c'est que ces voiles tachées de couleurs ?

Le poulpe se gratte le fond de la gorge et dit avec une petite voix :

- Elles étaient complètement trouées. L'équipage y a cousu vos nombreux vêtements afin de les réparer.

Alors là c'en est trop. Le Capitaine Cachalot s'emporte :

- J'en ai assez de cette galère ! On va se moquer de nous ! Qui va nous prendre au sérieux ? Nos mâts on l'allure d'un fil à linges. On ne ressemble plus à des marins !

Mais Cachalot, au lieu de continuer sa crise, devient tout mou. Il abandonne, il a mal partout.

- Je crois que j'ai besoin de vacances ! Déposez-moi vite sur l'île la plus proche ! Il me faut quelques jours de repos.

Cachalot se retrouve seul plusieurs jours. Il doit se débrouiller seul. Il se rend compte alors, que ce n'est pas si facile. D'habitude il donne un ordre et hop, cela arrive tout prêt.

Comment faire pour attacher le hamac, la corde n'est pas assez longue ?

Il trouve une longue feuille pour rallonger sa corde. Mais au moment où il s'allonge, splatch, catastrophe, le hamac et le capitaine tombent.

Comment fabriquer une canne à pêche ?

Facile avec un lacet de chaussure, se dit Cachalot. Mais rien de rien, les poissons ont vite compris la supercherie !
Et comment casser une noix de coco ?
Rien de compliqué, il suffit de la jeter très fort sur le sol. Mais, Cachalot a beau la lancer, rien à faire le sable est bien trop mou. D'ailleurs il l'a jetée tellement fort près de ses pieds, qu'à présent c'est son gros orteil qui ressemble à une noix de coco !

Le voilà du coup en pleine réflexion...
Finalement son équipage sait faire face à toutes les situations. Bon d'accord, ils sont un peu brouillon, mais ils ont de la volonté. A présent, Cachalot va lui aussi faire des efforts. Il se fâchera moins et essaiera de comprendre. Mais le beurre, c'est certain, ira dans les pâtes et non sous les pattes !